Impressum
Verlag: BABADADA GmbH, Nedderfeld 112 , 22529 Hamburg
Geschäftsführer / Verlagsleitung: Harald Hof
Druck: Books on Demand GmbH, In de Tarpen 42, 22848 Norderstedt

Imprint
Publisher: BABADADA GmbH, Nedderfeld 112 , 22529 Hamburg, Germany
Managing Director / Publishing direction: Harald Hof
Print: Books on Demand GmbH, In de Tarpen 42, 22848 Norderstedt

la salle de classe
Klassenzimmer

diviser
dividieren

186/2

le tableau noir
Tafel

la cour (de récréation)
Schulhof

le professeur
Lehrer

le papier
Papier

écrire
schreiben

le stylo
Stift

le bureau
Schreibtisch

la règle
Lineal

le livre
Buch

l'élève
Schüler

le cartable

Schultasche

la trousse

Federmappe

le crayon

Bleistift

le taille-crayon

Bleistiftspitzer

la gomme

Radierer

le carnet à dessin

Zeichenblock

le dessin
Zeichnung

le pinceau
Pinsel

la boîte de peinture
Malkasten

les ciseaux
Schere

la colle
Klebstoff

le cahier d'exercices
Übungsheft

les devoirs
Hausübung

le chiffre
Zahl

additionner
addieren

soustraire
subtrahieren

multiplier
multiplizieren

calculer
rechnen

la lettre
Buchstabe

l'alphabet
Alphabet

le mot
Wort

le texte

Text

lire

lesen

la craie

Kreide

la leçon

Unterrichtsstunde

le livre de classe

Klassenbuch

l'examen

Prüfung

le certificat

Zeugnis

l'uniforme scolaire

Schuluniform

la formation

Ausbildung

le lexique

Lexikon

l'université

Universität

le microscope

Mikroskop

la carte

Karte

la corbeille à papier

Papierkorb

l'hôtel
Hotel

l'auberge
Herberge

le bureau de change
Wechselstube

la valise
Koffer

la voiture
Auto

la langue
....
Sprache

oui / non
....
ja / nein

d'accord
....
Okay

Salut
....
Hallo

l'interprète
....
Dolmetscherin

merci
....
Danke

Combien coûte...?

Wie viel kostet …?

Je ne comprends pas

Ich verstehe nicht.

le problème

Problem

Bonsoir !

Guten Abend!

Bonjour !

Guten Morgen!

Bonne nuit !

Gute Nacht!

Au revoir

Auf Wiederschaun!

la direction

Richtung

les bagages

Gepäck

le sac

Tasche

le sac-à-dos

Rucksack

l'hôte

Gast

la pièce

Zimmer

le sac de couchage

Schlafsack

la tente

Zelt

l'office de tourisme

Touristeninformation

la plage

Strand

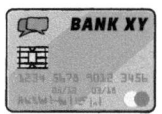

la carte de crédit

Kreditkarte

le petit-déjeuner

Frühstück

le déjeuner

Mittagessen

le dîner

Abendessen

le billet

Fahrkarte

l'ascenseur

Lift

le timbre

Briefmarke

la frontière

Grenze

la douane

Zoll

l'ambassade

Botschaft

le visa

Visum

le passeport

Pass

le voyage - Reise

le transport
Transport

l'avion
Flugzeug

le navire
Schiff

le véhicule de pompiers
Feuerwehrauto

le bus
Bus

le camion
Lastwagen

bateau à moteur
Motorboot

la bicyclette
Fahrrad

la voiture
Auto

le ferry

Fähre

la barque

Boot

la moto

Motorrad

la voiture de police

Polizeiauto

la voiture de course

Rennauto

la voiture de location

Mietwagen

l'auto-partage

Carsharing

la voiture de remorquage

Abschleppwagen

la benne à ordures

Müllwagen

le moteur

Motor

l'essence

Kraftstoff

la station d'essence

Tankstelle

le panneau indicateur

Verkehrsschild

le trafic

Verkehr

l'embouteillage

Stau

le parking

Parkplatz

la gare

Bahnhof

les rails

Schienen

le train

Zug

le tramway

Straßenbahn

le wagon

Wagon

l'hélicoptère

Hubschrauber

l'aéroport

Flughafen

la tour

Tower

le passager

Passagier

le conteneur

Container

le carton

Karton

le chariot

Rollwagen

la corbeille

Korb

décoller / atterrir

starten / landen

la ville

Stadt

le village

Dorf

le centre-ville

Stadtzentrum

la maison

Haus

le cinéma
Kino

la publicité
Werbung

le réverbère
Straßenlaterne

CINEMA

la rue
Straße

le taxi
Taxi

le piéton
Fußgänger

le kiosque
Kiosk

le trottoir
Gehsteig

le passage piéton
Zebrastreifen

la poubelle
Mülltonne

le carrefour
Kreuzung

les feux de circulation
Ampel

la cabane

Hütte

l'appartement

Wohnung

la gare

Bahnhof

la mairie

Rathaus

le musée

Museum

l'école

Schule

l'université

Universität

la banque

Bank

l'hôpital

Spital

l'hôtel

Hotel

la pharmacie

Apotheke

le bureau

Büro

la librairie

Buchhandlung

le magasin

Geschäft

le fleuriste

Blumenladen

le supermarché

Supermarkt

le marché

Markt

le grand magasin

Kaufhaus

la poissonnerie

Fischhändler

le centre commercial

Einkaufszentrum

le port

Hafen

le parc

Park

la banque

Bank

le pont

Brücke

les escaliers

Stiege

le métro

U-Bahn

le tunnel

Tunnel

l'arrêt de bus

Bushaltestelle

le bar

Bar

le restaurant

Restaurant

la boîte à lettres

Briefkasten

le panneau indicateur

Straßenschild

le parcmètre

Parkuhr

le zoo

Zoo

le réverbère

Badeanstalt

la mosquée

Moschee

la ferme
Bauernhof

la pollution
Umweltverschmutzung

la cimetière
Friedhof

l'église
Kirche

l'aire de jeux
Spielplatz

le temple
Tempel

le paysage
Landschaft

la feuille
Blatt

le panneau indicateur
Wegweiser

le chemin
Weg

le pré
Wiese

la pierre
Stein

l'arbre
Baum

le randonneur
Wanderer

la rivière
Fluss

l'herbe
Gras

la fleur
Blume

la vallée
....
Tal

la montagne
....
Hügel

le lac
....
See

la forêt
....
Wald

le désert
....
Wüste

le volcan
....
Vulkan

le château
....
Schloss

l'arc-en-ciel
....
Regenbogen

le champignon
....
Pilz

le palmier
....
Palme

le moustique
....
Moskito

la mouche
....
Fliege

les fourmis
....
Ameise

l'abeille
....
Biene

l'araignée
....
Spinne

le coléoptère

Käfer

la grenouille

Frosch

l'écureuil

Eichhörnchen

le hérisson

Igel

le lièvre

Hase

la chouette

Eule

l'oiseau

Vogel

le cygne

Schwan

le sanglier

Wildschwein

le cerf

Hirsch

l'élan

Elch

le barrage

Staudamm

l'éolienne

Windrad

le panneau solaire

Solarmodul

le climat

Klima

le serveur
Kellner

le menu
Speisekarte

la chaise
Sessel

la soupe
Suppe

la pizza
Pizza

la nappe
Tischdecke

les couverts
Besteck

les hors d'œuvre
Vorspeise

le plat principal
Hauptgericht

le dessert
Nachspeise

les boissons
Getränke

l'alimentation
Essen

la bouteille
Flasche

le fast-food

Fastfood

les plats à emporter

Streetfood

la théière

Teekanne

le sucrier

Zuckerdose

la portion

Portion

la machine à expresso

Espressomaschine

la chaise haute

Kinderstuhl

la facture

Rechnung

le plateau

Tablett

le couteau

Messer

la fourchette

Gabel

la cuillère

Löffel

la cuillère à thé

Teelöffel

la serviette

Serviette

le verre

Glas

l'assiette
Teller

l'assiette à soupe
Suppenteller

la soucoupe
Untertasse

la sauce
Sauce

la salière
Salzstreuer

le moulin à poivre
Pfeffermühle

le vinaigre
Essig

l'huile
Öl

les épices
Gewürze

le ketchup
Ketchup

la moutarde
Senf

la mayonnaise
Mayonnaise

le supermarché
Supermarkt

l'offre promotionnelle
Angebot

le client
Kunde

les produits laitiers
Milchprodukte

les fruits
Obst

le chariot
Einkaufswagen

la boucherie

Schlachterei

la boulangerie

Bäckerei

peser

wiegen

les légumes

Gemüse

la viande

Fleisch

les aliments surgelés

Tiefkühlkost

la charcuterie

Aufschnitt

les conserves

Konserven

la poudre à lessive

Waschmittel

les bonbons

Süßigkeiten

les articles ménagers

Haushaltsartikel

les détergents

Reinigungsmittel

la vendeuse

Verkäuferin

la caisse

Kassa

le caissier

Kassiererin

la liste d'achats

Einkaufsliste

les heures d'ouverture

Öffnungszeiten

le portefeuille

Brieftasche

la carte de crédit

Kreditkarte

le sac

Tasche

le sac en plastique

Plastiktüte

l'eau

Wasser

le jus de fruit

Saft

le lait

Milch

le coca

Cola

le vin

Wein

la bière

Bier

l'alcool

Alkohol

le chocolat chaud

Kakao

le thé

Tee

le café

Kaffee

l'expresso

Espresso

le cappuccino

Cappuccino

la banane

Banane

la pomme

Apfel

l'orange

Orange

le melon

Melone

le citron.

Zitrone

la carotte

Karotte

l'ail

Knoblauch

le bambou

Bambus

l'oignon

Zwiebel

le champignon

Pilz

les noisettes

Nüsse

les pâtes

Nudeln

les spaghetti

Spaghetti

le riz

Reis

la salade

Salat

les pommes frites

Pommes frites

les pommes de terre rôties

Bratkartoffeln

la pizza

Pizza

le hamburger

Hamburger

le sandwich

Sandwich

l'escalope

Schnitzel

le jambon

Schinken

le salami

Salami

la saucisse

Wurst

le poulet

Huhn

le rôti

Braten

le poisson

Fisch

les flocons d'avoine

Haferflocken

le muesli

Müsli

les cornflakes

Cornflakes

la farine

Mehl

le croissant

Croissant

les petits-pains

Semmel

le pain

Brot

le pain grillé

Toast

les biscuits

Kekse

le beurre

Butter

le fromage blanc

Topfen

le gâteau

Kuchen

l'œuf

Ei

l'œuf au plat

Spiegelei

le fromage

Käse

la glace

Eiscreme

le sucre

Zucker

le miel

Honig

la confiture

Marmelade

la crème nougat

Schokoladenaufstrich

le curry

Curry

la ferme
Bauernhaus

la grange
Scheune

la botte de paille
Strohballen

le champ
Feld

le cheval
Pferd

la remorque
Anhänger

le tracteur
Traktor

le poulain
Fohlen

l'âne
Esel

l'agneau
Lamm

le mouton
Schaf

la chèvre

Ziege

la vache

Kuh

le veau

Kalb

le porc

Schwein

le porcelet

Ferkel

le taureau

Stier

l'oie

Gans

le canard

Ente

le poussin

Küken

la poule

Huhn

le coq

Hahn

le rat

Ratte

le chat

Katze

la souris

Maus

le bœuf

Ochse

le chien

Hund

le chenil

Hundehütte

le tuyau de jardin

Gartenschlauch

l'arrosoir

Gießkanne

la faucheuse

Sense

la charrue

Pflug

la faucille

Sichel

la pioche

Hacke

la fourche

Mistgabel

la hache

Axt

la brouette

Schubkarre

la cuve

Trog

le pot à lait

Milchkanne

le sac

Sack

la clôture

Zaun

l'étable

Stall

le serre

Treibhaus

le sol

Boden

les semences

Saat

l'engrais

Dünger

la moissonneuse-batteuse

Mähdrescher

récolter

ernten

la récolte

Ernte

l'igname

Yamswurzel

le blé

Weizen

le soja

Soja

la pomme de terre

Erdapfel

le maïs

Mais

le colza

Raps

l'arbre fruitier

Obstbaum

le manioc

Maniok

les céréales

Getreide

la cheminée
Schornstein

le toit
Dach

la gouttière
Regenrinne

la fenêtre
Fenster

le garage
Garage

la sonnette
Klingel

la porte
Tür

la poubelle
Abfallkübel

la boîte aux lettres
Briefkasten

le jardin
Garten

le salon

Wohnzimmer

la salle de bain

Badezimmer

la cuisine

Küche

la chambre à coucher

Schlafzimmer

la chambre d'enfant

Kinderzimmer

la salle à manger

Esszimmer

le sol
Boden

le mur
Wand

le plafond
Decke

la cave
Keller

le sauna
Sauna

le balcon
Balkon

la terrasse
Terrasse

la piscine
Schwimmbad

la tondeuse à gazon
Rasenmäher

la housse
Bettbezug

la couette
Bettdecke

le lit
Bett

le balai
Besen

le sceau
Kübel

l'interrupteur
Schalter

le papier peint
Tapete

l'image
Bild

la lampe
Lampe

l'étagère
Regal

l'armoire
Schrank

la télé
Fernseher

la cheminée
Kamin

la fleur
Blume

le coussin
Polster

le sofa
Sofa

le vase
Vase

la télécommande
Fernbedienung

le tapis
Teppich

le rideau
Vorhang

la table
Tisch

la chaise
Sessel

la chaise à bascule
Schaukelstuhl

le fauteuil
Sessel

le livre

Buch

la couverture

Decke

la décoration

Dekoration

le bois de chauffage

Feuerholz

le film

Film

la chaîne hi-fi

Stereoanlage

la clé

Schlüssel

le journal

Zeitung

la peinture

Gemälde

le poster

Poster

la radio

Radio

le bloc-notes

Notizblock

l'aspirateur

Staubsauger

le cactus

Kaktus

la bougie

Kerze

le four à micro-ondes
Mikrowelle

le réfrigérateur
Kühlschrank

la balance de cuisine
Küchenwaage

le grille-pain
Toaster

le détergent
Reinigungsmittel

le four
Backofen

le compartiment congélateur
Gefrierfach

la poubelle
Abfallkübel

le lave-vaisselle
Geschirrspüler

le four

Herd

la casserole

Topf

la marmite

Eisentopf

le wok / kadai

Wok / Kadai

la poêle

Pfanne

la bouilloire electrique

Wasserkocher

le cuiseur vapeur

Dampfgarer

la plaque de cuisson

Backblech

la vaisselle

Geschirr

le gobelet

Becher

la coupe

Schale

les baguettes

Essstäbchen

la louche

Schöpflöffel

la spatule

Pfannenwender

le fouet

Schneebesen

la passoire

Kochsieb

le tamis

Sieb

la râpe

Reibe

le mortier

Mörser

le barbecue

Grill

la cheminée

Kaminfeuer

la planche à découper

Schneidebrett

le rouleau à pâtisserie

Nudelholz

le tire-bouchon

Korkenzieher

la boîte

Dose

l'ouvre-boîte

Dosenöffner

les maniques

Topflappen

le lavabo

Waschbecken

la brosse

Bürste

l'éponge

Schwamm

le mixeur

Mixer

le congélateur

Gefriertruhe

le biberon

Babyflasche

le robinet

Wasserhahn

le chauffage
Heizung

la douche
Dusche

la serviette
Handtuch

le rideau de douche
Duschvorhang

le bain moussant
Schaumbad

la baignoire
Badewanne

le verre
Glas

la machine à laver
Waschmaschine

le robinet
Wasserhahn

le carrelage
Fliesen

le pot
Nachttopf

le lavabo
Waschbecken

les toilettes
Klo

la toilette à la turque
Hocktoilette

le bidet
Bidet

l'urinoir
Pissoir

le papier toilette
Klopapier

la brosse à toilette
Klobürste

la brosse à dents

Zahnbürste

le dentifrice

Zahnpasta

le fil dentaire

Zahnseide

laver

waschen

la douche manuelle

Handbrause

la douche intime

Intimdusche

la vasque

Waschschüssel

la brosse dorsale

Rückenbürste

le savon

Seife

le gel douche

Duschgel

le shampooing

Shampoo

le gant de toilette

Waschlappen

l'écoulement

Abfluss

la crème

Creme

le déodorant

Deodorant

le miroir

Spiegel

le miroir cosmétique

Kosmetikspiegel

le rasoir

Rasierer

la mousse à raser

Rasierschaum

l'après-rasage

Rasierwasser

la peigne

Kamm

la brosse

Bürste

le sèche-cheveux

Föhn

la laque pour cheveux

Haarspray

le fond de teint

Makeup

le rouge à lèvres

Lippenstift

le vernis à ongles

Nagellack

l'ouate

Watte

le coupe-ongles

Nagelschere

le parfum

Parfum

la trousse de toilette

Kulturbeutel

le tabouret

Hocker

le pèse-personne

Waage

le peignoir

Bademantel

les gants de nettoyage

Gummihandschuhe

le tampon

Tampon

les serviettes hygiéniques

Damenbinde

la toilette chimique

Chemietoilette

le réveil
Wecker

le doudou
Kuscheltier

la voiture jouet
Spielzeugauto

le hochet
Rassel

la maison de poupée
Puppenhaus

le cadeau
Geschenk

le ballon
Ballon

le lit
Bett

la poussette
Kinderwagen

le jeu de cartes
Kartenspiel

le puzzle
Puzzle

la bande dessinée
Comic

les pièces lego

Legosteine

les blocs de construction

Bausteine

la figurine

Actionfigur

la grenouillère

Strampelanzug

le frisbee

Frisbee

le mobile

Mobile

le jeu de société

Brettspiel

le dé

Würfel

le train miniature

Modelleisenbahn

la sucette

Schnuller

la fête

Party

le livre d'images

Bilderbuch

la balle

Ball

la poupée

Puppe

jouer

spielen

le bac à sable

Sandkasten

la balançoire

Schaukel

les jouets

Spielzeug

la console de jeu

Spielkonsole

le tricycle

Dreirad

l'ours en peluche

Teddy

l'armoire

Kleiderschrank

les vêtements

Kleidung

les chaussettes

Socken

les bas

Strümpfe

le collant

Strumpfhose

l'écharpe
Schal

le parapluie
Regenschirm

le t-shirt
T-Shirt

la ceinture
Gürtel

les bottes
Stiefel

les pantoufles
Hausschuhe

les baskets
Turnschuhe

les sandales
....
Sandalen

les chaussures
....
Schuhe

les bottes de caoutchouc
....
Gummistiefel

les sous-vêtements
....
Unterhose

le soutien-gorge
....
Büstenhalter

le maillot de corps
....
Unterhemd

le body

Body

le pantalon

Hose

le jean

Jeans

la jupe

Rock

le chemisier

Bluse

la chemise

Hemd

le pull

Pullover

le sweat à capuche

Kapuzenpullover

la veste

Blazer

la veste

Jacke

le manteau

Mantel

l'imperméable

Regenmantel

le costume

Kostüm

la robe

Kleid

la robe de mariée

Hochzeitskleid

le costume

Anzug

la chemise de nuit

Nachthemd

le pyjama

Pyjama

le sari

Sari

le foulard

Kopftuch

le turban

Turban

la burqa

Burka

le caftan

Kaftan

l'abaya

Abaya

le maillot de bain

Badeanzug

le maillot de bain

Badehose

le short

kurze Hose

la tenue d'entraînement

Jogginganzug

le tablier

Schürze

les gants

Handschuhe

le bouton
Knopf

les lunettes
Brille

le bracelet
Armband

le collier
Halskette

la bague
Ring

la boucle d'oreille
Ohrring

le bonnet
Mütze

le cintre
Kleiderbügel

le chapeau
Hut

la cravate
Krawatte

la fermeture éclair
Reißverschluss

le casque
Helm

les bretelles
Hosenträger

l'uniforme scolaire
Schuluniform

l'uniforme
Uniform

le bavoir

Lätzchen

la sucette

Schnuller

la lange

Windel

le bureau
Büro

le serveur
Server

l'armoire d'archivage
Aktenschrank

l'imprimante
Drucker

l'écran
Monitor

le papier
Papier

le bureau
Schreibtisch

la souris
Maus

le classeur
Ordner

le clavier
Tastatur

la chaise
Sessel

la corbeille à papier
Papierkorb

l'ordinateur
Computer

la tasse de café

Kaffeebecher

la calculatrice

Taschenrechner

l'internet

Internet

l'ordinateur portable

Laptop

la lettre

Brief

le message

Nachricht

le portable

Handy

le réseau

Netzwerk

la photocopieuse

Kopierer

le logiciel

Software

le téléphone

Telefon

la prise

Steckdose

le fax

Fax

le formulaire

Formular

le document

Dokument

acheter

kaufen

payer

bezahlen

faire du commerce

handeln

la monnaie

Geld

le dollar

Dollar

l'euro

Euro

le yen

Yen

le rouble

Rubel

le franc suisse

Franken

le renminbi yuan

Renminbi Yuan

la roupie

Rupie

le distributeur automatique

Bankomat

le bureau de change

Wechselstube

l'or

Gold

l'argent

Silber

le pétrole

Öl

l'énergie

Energie

le prix

Preis

le contrat

Vertrag

la taxe

Steuer

l'action

Aktie

travailler

arbeiten

l'employé

Angestellte

l'employeur

Arbeitgeber

l'usine

Fabrik

le magasin

Geschäft

l'économie - Wirtschaft

le pompier
Feuerwehrmann

l'agent de police
Polizist

le cuisinier
Koch

le médecin
Ärztin

le pilote
Pilot

le jardinier
Gärtner

le menuisier
Tischler

la couturière
Schneiderin

le juge
Richter

le chimiste
Chemikerin

l'acteur
Schauspieler

le conducteur de bus

Busfahrer

le chauffeur de taxi

Taxifahrer

le pêcheur

Fischer

la femme de ménage

Putzfrau

le couvreur

Dachdecker

le serveur

Kellner

le chasseur

Jäger

le peintre

Maler

le boulanger

Bäcker

l'électricien

Elektriker

l'ouvrier

Bauarbeiter

l'ingénieur

Ingenieur

le boucher

Schlachter

le plombier

Installateur

le facteur

Briefträgerin

le soldat

Soldat

l'architecte

Architekt

le caissier

Kassiererin

le fleuriste

Blumenhändlerin

le coiffeur

Friseur

le contrôleur

Schaffner

le mécanicien

Mechaniker

le capitaine

Kapitän

le dentiste

Zahnärztin

le scientifique

Wissenschaftler

le rabbin

Rabbi

l'imam

Imam

le moine

Mönch

le prêtre

Pfarrer

le marteau
Hammer

les pinces
Zange

le tournevis
Schraubenzieher

la clé
Schraubenschlüssel

la torche
Taschenlampe

la pelleteuse

Bagger

la boîte à outils

Werkzeugkasten

l'échelle

Leiter

la scie

Säge

les clous

Nägel

la perceuse

Bohrer

réparer
reparieren

la pelle
Schaufel

Mince !
Scheiße!

la pelle
Kehrschaufel

le pot de peinture
Farbtopf

les vis
Schrauben

les instruments de musique
Musikinstrumente

le haut-parleurs
Lautsprecher

la batterie
Schlagzeug

la contrebasse
Kontrabass

la trompette
Trompete

la guitare
Gitarre

le piano

Klavier

le violon

Violine

la basse

Bass

les timbales

Pauke

le tambour

Trommeln

le piano électrique

Tastatur

le saxophone

Saxophon

la flûte

Flöte

le microphone

Mikrofon

le tigre
Tiger

l'entrée
Eingang

la cage
Käfig

le zèbre
Zebra

l'alimentation animale
Tierfutter

le panda
Panda

les animaux
Tiere

l'éléphant
Elefant

le kangourou
Känguru

le rhinocéros
Nashorn

le gorille
Gorilla

l'ours
Bär

le chameau

Kamel

l'autruche

Strauß

le lion

Löwe

le singe

Affe

le flamand rose

Flamingo

le perroquet

Papagei

l'ours polaire

Eisbär

le pingouin

Pinguin

le requin

Hai

le paon

Pfau

le serpent

Schlange

le crocodile

Krokodil

le gardien de zoo

Zoowärter

le phoque

Robbe

le jaguar

Jaguar

le poney

Pony

le léopard

Leopard

l'hippopotame

Nilpferd

la girafe

Giraffe

l'aigle

Adler

le sanglier

Wildschwein

le poisson

Fisch

la tortue

Schildkröte

le morse

Walross

le renard

Fuchs

la gazelle

Gazelle

le zoo - Zoo

l'american Football
American Football

le cyclisme
Radfahren

le tennis
Tennis

le basket-ball
Basketball

la natation
Schwimmen

la boxe
Boxen

le hockey sur glace
Eishockey

le football
Fußball

le badminton
Badminton

l'athlétisme
Leichtathletik

le handball
Handball

le ski
Skifahren

le polo
Polo

rire
lachen

sauter
springen

embrasser
umarmen

marcher
gehen

chanter
singen

rêver
träumen

prier
beten

faire la bise
küssen

écrire
schreiben

dessiner
zeichnen

montrer
zeigen

pousser
drücken

donner
geben

prendre
nehmen

avoir

haben

faire

machen

être

sein

être debout

stehen

courir

laufen

trier

ziehen

jeter

werfen

tomber

fallen

être couché

liegen

attendre

warten

porter

tragen

être assis

sitzen

s'habiller

anziehen

dormir

schlafen

se réveiller

aufwachen

regarder

ansehen

pleurer

weinen

caresser

streicheln

peigner

frisieren

parler

reden

comprendre

verstehen

demander

fragen

écouter

hören

boire

trinken

manger

essen

ranger

zusammenräumen

aimer

lieben

cuire

kochen

conduire

fahren

voler

fliegen

faire de la voile

segeln

calculer

rechnen

lire

lesen

apprendre

lernen

travailler

arbeiten

se marier

heiraten

coudre

nähen

brosser les dents

Zähne putzen

tuer

töten

fumer

rauchen

envoyer

senden

la grand-mère
Großmutter

le grand-père
Großvater

le père
Vater

la mère
Mutter

le bébé
Baby

la fille
Tochter

le fils
Sohn

l'hôte

Gast

la tante

Tante

l'oncle

Onkel

le frère

Bruder

la sœur

Schwester

le front
Stirn

l'œil
Auge

l'épaule
Schulter

le doigt
Finger

le visage
Gesicht

le menton
Kinn

la main
Hand

la jambe
Bein

la poitrine
Brust

le bras
Arm

le bébé
Baby

l'homme
Mann

la femme
Frau

la fille
Mädchen

le garçon
Junge

la tête
Kopf

le dos

Rücken

le ventre

Bauch

le nombril

Nabel

l'orteil

Zeh

le talon

Ferse

l'os

Knochen

la hanche

Hüfte

le genou

Knie

le coude

Ellbogen

le nez

Nase

les fesses

Gesäß

la peau

Haut

la joue

Wange

l'oreille

Ohr

la lèvre

Lippe

la bouche
Mund

la dent
Zahn

la langue
Zunge

le cerveau
Gehirn

le cœur
Herz

le muscle
Muskel

les poumons
Lunge

le foie
Leber

l'estomac
Magen

les reins
Nieren

le rapport sexuel
Geschlechtsverkehr

le préservatif
Kondom

l'ovule
Eizelle

le sperme
Sperma

la grossesse
Schwangerschaft

la menstruation

Menstruation

le vagin

Vagina

le pénis

Penis

le sourcil

Augenbraue

les cheveux

Haar

le cou

Hals

l'hôpital
Spital

l'ambulance
Rettung

le fauteuil roulant
Rollstuhl

la fracture
Bruch

le médecin

Ärztin

le service des urgences

Notaufnahme

l'infirmière

Krankenschwester

l'urgence

Notfall

inconscient

ohnmächtig

la douleur

Schmerz

la blessure

Verletzung

l'hémorragie

Blutung

la crise cardiaque

Herzinfarkt

l'attaque cérébrale

Schlaganfall

l'allergie

Allergie

la toux

Husten

la fièvre

Fieber

la grippe

Grippe

la diarrhée

Durchfall

le mal de tête

Kopfschmerzen

le cancer

Krebs

le diabète

Diabetes

le chirurgien

Chirurg

le scalpel

Skalpell

l'opération

Operation

le CT

CT

la radiographie

Röntgen

l'échographie

Ultraschall

le masque

Maske

la maladie

Krankheit

la salle d'attente

Wartezimmer

la béquille

Krücke

le pansement

Pflaster

le pansement

Verband

l'injection

Injektion

le stéthoscope

Stethoskop

le brancard

Trage

le thermomètre

Thermometer

l'accouchement

Geburt

la surcharge pondérale

Übergewicht

l'appareil auditif

Hörgerät

le désinfectant

Desinfektionsmittel

l'infection

Infektion

le virus

Virus

le VIH / le sida

HIV / AIDS

le médicament

Medizin

la vaccination

Impfung

les comprimés

Tabletten

la pilule

Pille

l'appel d'urgence

Notruf

le tensiomètre

Blutdruckmesser

malade / sain

krank / gesund

Au secours !

Hilfe!

l'alarme

Alarm

l'assaut

Überfall

l'attaque

Angriff

le danger

Gefahr

la sortie de secours

Notausgang

Au feu!

Feuer!

l'extincteur

Feuerlöscher

l'accident

Unfall

la trousse de premier
secours

Erste-Hilfe-Koffer

SOS

SOS

la police

Polizei

l'Europe

Europa

l'Amérique du Nord

Nordamerika

l'Amérique du Sud

Südamerika

l'Afrique

Afrika

l'Asie

Asien

l'Australie

Australien

l'Océan atlantique

Atlantik

l'Océan pacifique

Pazifik

l'Océan indien

Indische Ozean

l'Océan antarctique

Antarktische Ozean

l'Océan arctique

Arktische Ozean

le Pôle nord

Nordpol

le Pôle sud

Südpol

l'Antarctique

Antarktis

la terre

Erde

le pays

Land

la mer

Meer

l'île

Insel

la nation

Nation

l'état

Staat

le cadran

Ziffernblatt

l'aiguille des heures

Stundenzeiger

l'aiguille des minutes

Minutenzeiger

l'aiguille des secondes

Sekundenzeiger

Quelle heure est-il ?

Wie spät ist es?

le jour

Tag

le temps

Zeit

maintenant

jetzt

la montre digitale

Digitaluhr

la minute

Minute

l'heure

Stunde

la semaine
Woche

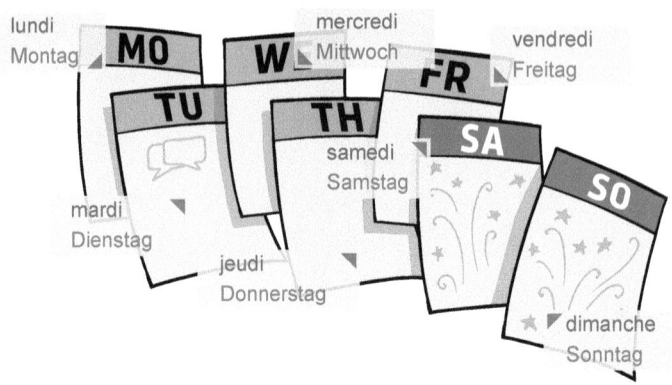

lundi / Montag
mardi / Dienstag
mercredi / Mittwoch
jeudi / Donnerstag
vendredi / Freitag
samedi / Samstag
dimanche / Sonntag

hier
gestern

aujourd'hui
heute

demain
morgen

le matin
Morgen

le midi
Mittag

le soir
Abend

les jours ouvrables
Arbeitstage

le week-end
Wochenende

la pluie
Regen

l'arc-en-ciel
Regenbogen

la neige
Schnee

le vent
Wind

le printemps
Frühling

l'automne
Herbst

l'été
Sommer

l'hiver
Winter

la météo

Wettervorhersage

le thermomètre

Thermometer

la lumière du soleil

Sonnenschein

le nuage

Wolke

le brouillard

Nebel

l'humidité

Luftfeuchtigkeit

la foudre

Blitz

la tonnerre

Donner

la tempête

Sturm

la grêle

Hagel

la mousson

Monsun

l'inondation

Flut

la glace

Eis

janvier

Jänner

février

Februar

mars

März

avril

April

mai

Mai

juin

Juni

juillet

Juli

août

August

septembre

September

octobre

Oktober

novembre

November

décembre

Dezember

les formes

Formen

le cercle

Kreis

le carré

Quadrat

le rectangle

Rechteck

le triangle

Dreieck

la sphère

Kugel

le cube

Würfel

blanc

weiß

jaune

gelb

orange

orange

rose

pink

rouge

rot

violet

lila

bleu

blau

vert

grün

marron

braun

gris

grau

noir

schwarz

beaucoup / peu

viel / wenig

fâché / calme

wütend / friedlich

joli / laid

hübsch / hässlich

le début / la fin

Anfang / Ende

grand / petit

groß / klein

clair / obscure

hell / dunkel

frère / soeur

Bruder / Schwester

propre / sale

sauber / schmutzig

complet / incomplet

vollständig / unvollständig

le jour / la nuit

Tag / Nacht

mort / vivant

tot / lebendig

large / étroit

breit / schmal

comestible / incomestible

genießbar / ungenießbar

méchant / gentil

böse / freundlich

excité / ennuyé

aufgeregt / gelangweilt

gros / mince

dick / dünn

le premier / le dernier

zuerst / zuletzt

l'ami / l'ennemi

Freund / Feind

plein / vide

voll / leer

dur / souple

hart / weich

lourd / léger

schwer / leicht

faim / soif

Hunger / Durst

malade / sain

krank / gesund

illégal / légal

illegal / legal

intelligent / stupide

gescheit / dumm

gauche / droite

links / rechts

proche / loin

nah / fern

nouveau / usé

neu / gebraucht

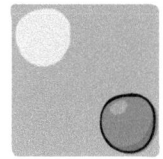

rien / quelque chose

nichts / etwas

vieux / jeune

alt / jung

marche / arrêt

an / aus

ouvert / fermé

offen / geschlossen

faible / fort

leise / laut

riche / pauvre

reich / arm

correct / incorrect

richtig / falsch

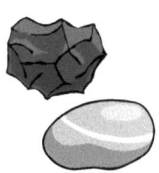

rugueux / lisse

rau / glatt

triste / heureux

traurig / glücklich

court / long

kurz / lang

lent / rapide

langsam / schnell

mouillé / sec

nass / trocken

chaud / froid

warm / kühl

la guerre / la paix

Krieg / Frieden

les nombres
Zahlen

0

zéro

null

1

un / une

eins

2

deux

zwei

3

trois

drei

4

quatre

vier

5

cinq

fünf

6

six

sechs

7

sept

sieben

8

huit

acht

9

neuf

neun

10

dix

zehn

11

onze

elf

12

douze

zwölf

13

treize

dreizehn

14

quatorze

vierzehn

15

quinze

fünfzehn

16

seize

sechzehn

17

dix-sept

siebzehn

18

dix-huit

achtzehn

19

dix-neuf

neunzehn

20

vingt

zwanzig

100

cent

hundert

1.000

mille

tausend

1.000.000

le million

Million

l'anglais

Englisch

l'anglais américain

Amerikanisches Englisch

le chinois mandarin

Chinesisch (Mandarin)

le hindi

Hindi

l'espagnol

Spanisch

le français

Französisch

l'arabe

Arabisch

le russe

Russisch

le portugais

Portugiesisch

le bengali

Bengalisch

l'allemand

Deutsch

le japonais

Japanisch

je
ich

tu
du

il / elle / ce, c', cela
er / sie / es

nous
wir

vous
ihr

ils / elles
sie

Qui ?
Wer?

Quoi ?
Was?

Comment ?
Wie?

Où ?
Wo?

Quand ?
Wann?

le nom
Name

derrière

hinter

dans

in

devant

vor

au-dessus

über

sur

auf

en-dessous

unter

à côté de

neben

entre

zwischen

le lieu

Ort